ÉPISODE DE 1814

OU

RÉCIT

DE LA

PRISE D'UN POSTE

AUTRICHIEN

A la Vaupière, commune de Saint-Jean-de-Thurigneux
(Ain).

TRÉVOUX

IMPRIMERIE ET LITHOGRAPHIE DE J.-C. DAMOUR.

—

1867.

AU LECTEUR.

Les quelques pages que nous offrons au lecteur ont été écrites sans aucune prétention au titre d'*auteur*, mais uniquement pour perpétuer le souvenir d'un fait d'armes mémorable accompli non loin de nous, en 1814. Nous avons aussi pensé qu'il ne déplairait pas à quelques-uns de nos compatriotes d'en lire une relation fidèle, rapportée par nous, qui nous trouvions parmi les combattants avec les deux fils du propriétaire de la

Vaupière et le sieur Alexis, garde au service de la même maison.

Depuis 1814, bien des événements se sont succédés. Remerçions Dieu de ce qu'en fin de compte il nous a accordé, comme compensation à nos maux passés, la faveur de vivre sous le gouvernement sage, éclairé et paternel de Napoléon III.

PERRET père.

Reyrieux, hameau de la Fontaine-Bénite, janvier 1867.

RÉCIT
DE LA PRISE D'UN POSTE AUTRICHIEN
A la Vaupière.

I.

A la suite des revers de 1813-1814, le département de l'Ain partagea le sort de la patrie commune et vit son territoire envahi par les armées coalisées. Ses habitants se trouvèrent quelque temps sous le joug despotique d'une soldatesque farouche et indisciplinée qui leur imposa de nombreuses réquisitions et se porta à des excès intolérables.

Pour réprimer les abus des envahisseurs, nos compatriotes déployèrent beaucoup d'énergie; leur courage fut à la hauteur des circonstances et leurs efforts souvent couronnés du succès.

Elle tomberait à l'improviste sur le poste et tenterait d'enlever, sans coup-férir, les armes qu'il contenait.

Les Autrichiens, étant dès-lors désarmés et sans moyens de défense, seraient faits prisonniers et conduits à Lyon, devant leurs chefs, à qui l'on dénoncerait leur infâme conduite.

Notre intention était d'agir avec prudence, afin d'éviter l'effusion du sang.

Malheureusement, ce plan ne réussit pas complétement, surtout en ce dernier point, et il y eut des victimes de part et d'autre.

Pour le mettre à exécution, chacun s'arma de ce qu'il put se procurer. Quelques-uns prirent des fourches, d'autres des faulx; vingt-cinq seulement trouvèrent de vieux fusils de chasse ou de munition, avec quelques balles et un peu de poudre.

Notre armement était bien imparfait. Pourtant il s'agissait de combattre des hommes aguerris et fortement retranchés. Mais notre courage suppléait à notre pénurie et ne redoutait aucun obstacle.

III.

Le 22 janvier, nous partîmes en bon ordre de Pouilleux, et nous arrivâmes à une heure et demie sur la chaussée de l'étang Dumont, où nous attendaient les autorités de Saint-Jean que nous avions à l'avance informés de notre résolution.

Nous leur expliquâmes le sujet et le but de notre prise d'armes.

Ces messieurs ne témoignèrent aucun blâme et nous dirent simplement : « Messieurs, vous êtes en force, nous vous laissons maîtres de vos actions ; nous nous retirons. »

De nouveaux renseignements nous avaient appris que le nombre des défenseurs du poste n'était plus que de dix-huit environ, trois d'entre eux ayant été tués, la veille, dans une de leurs excursions nocturnes.

Un espion vint encore nous informer qu'ils étaient à ce moment sans défiance, et se chauffaient dans la salle basse. Leurs armes étaient disposées en faisceaux au milieu de la pièce. Trois des leurs, considérés comme les domestiques du capitaine, se trouvaient au premier étage.

L'heure de l'attaque semblait donc bien choisie ; elle eut lieu immédiatement.

Quinze de nos hommes les plus vigoureux avaient pour mission de surprendre le poste et d'en enlever les armes.

Ils s'approchèrent donc sans bruit de la maison, et tentèrent d'en forcer l'entrée ; mais cinq seulement réussirent dans ce coup de main. Les autres furent repoussés par l'ennemi, qui, promptement remis de sa surprise, referma la porte et la barricada intérieurement.

Par suite de ce contre-temps, cinq de nos camarades se trouvaient en cet instant aux prises avec toutes les forces du poste. L'un d'eux tomba bientôt, percé de dix-sept coups de bayonnette.

Nous entendions de dehors, le combat inégal qu'ils soutenaient. Il était urgent de leur porter secours.

Alexis, l'homme d'affaires de la Vaupière, monta l'escalier extérieur, et pénétra dans le logement du capitaine. Celui-ci avait déjà soutenu une lutte vive et mis un de ses adversaires hors de combat. Il menaça Alexis du même sort, et brandit contre lui son épée formidable (1).

Alexis, qui était d'une force peu commune, se jeta résolument sur son adversaire, lui saisit le poignet, et, par un effort énergique, détourna l'arme dirigée contre lui.

Une lutte inouïe, corps à corps, s'engagea alors entre ces deux hommes; elle eut peut-être tourné au désavantage de l'homme d'affaires, sans l'arrivée oppor-

(1) Cette épée, de dimension et de force peu ordinaires, est actuellement conservée à la Vaupière.

tune d'un de ses frères d'armes, qui abattit le capitaine à coups de crosse de fusil.

Ils prirent ensuite ce chef par les pieds et le traînèrent par l'escalier en lui faisant compter les marches avec la tête. Dès qu'il fut descendu, on l'acheva d'un coup de fusil dans le ventre.

Pendant que cette scène se passait au premier, le rez-de-chaussée était témoin d'une lutte non moins animée.

Le reste de notre troupe, sans perdre de temps, avait réuni ses efforts pour une attaque commune et énergique.

Un entre-baillement de quelques pouces que nous fîmes faire à la porte nous permit de voir qu'elle était défendue par quelques Autrichiens.

Une décharge de vingt coups de fusils, partie de nos rangs, la fit céder, puis elle tomba sur les corps inanimés de ses défenseurs. Le résultat de cette manœuvre fut décisif. L'ennemi, se voyant incapable de résister, se rendit à discrétion.

Notre triomphe était dès ce moment complet, mais à quel prix n'était-il pas acheté ! La ferme de la Vaupière présentait un tableau lamentable.

Une partie de nos camarades gisaient à terre, pêle-mêle, inertes et ensanglantés.

Des blessés, nous tendant la main, faisaient entendre des plaintes et des cris déchirants.

Donnez-moi du secours, je me meurs, — conduisez-moi au village, — disaient-ils.

Nous conduisîmes tous nos blessés à Reyrieux, où nous les fîmes panser par le docteur Fournier, qui habitait la localité.

Le lendemain, une escorte conduisit les prisonniers autrichiens à Lyon, auprès du général Augereau.

Ce général, qui déjà était instruit de notre exploit, reçut nos camarades avec bonne grâce et leur offrit même des secours pécuniaires pour retourner dans leurs foyers.

JEAN-CLAUDE PERRET,

à Reyrieux, hameau de Fontaine-Bénite.

[illegible]